मैं
समय
हूँ

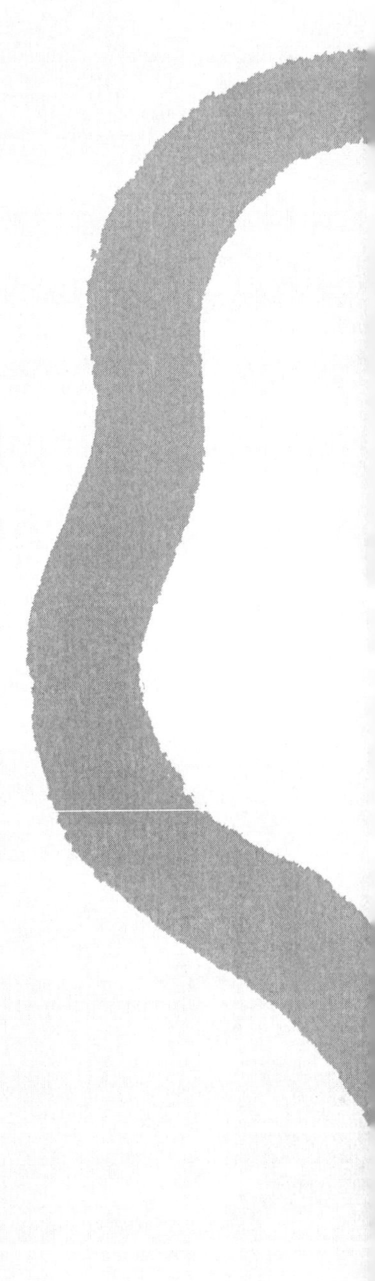

राधाकृष्ण प्रकाशन

मैं समय हूँ

पवन जैन

ISBN : 978-81-8361-052-0

मैं समय हूँ

पहला संस्करण : 2006
दूसरा संस्करण : 2007
पहली आवृत्ति : 2024

मूल्य : ₹495

प्रकाशक
राधाकृष्ण प्रकाशन प्राइवेट लिमिटेड
जी-17, जगतपुरी, दिल्ली-110 051
शाखाएँ : अशोक राजपथ, साइंस कॉलेज के सामने, पटना-800 006
पहली मंज़िल, दरबारी बिल्डिंग, महात्मा गांधी मार्ग, प्रयागराज-211 001
1, अनमोल सोराबजी संतुक लेन, धोबी तलाव, मरीन लाइंस, मुम्बई-400 002
वेबसाइट : www.radhakrishnaprakashan.com
ई-मेल : info@radhakrishnaprakashan.com

मुद्रक
राजकमल प्रकाशन प्रा.लि.
नई दिल्ली-110 002

MAIN SAMAY HOON
(Poetry) by Pavan Jain

स्व. पिता जी

और

स्नेहमयी माता जी

को

सादर

सवालों का गहरा सिलसिला है इन कविताओं में

स्वतंत्रता संग्राम के दौरान जो कविताएँ लिखी गयी थीं वे गांधीवादी, प्रगतिवादी मूल्यों से अनुप्राणित थीं। कवियों के प्रस्फुटन में संघर्ष की एक जुझारू उमंग थी, आंदोलनों की तरंग थी। आज़ादी के बाद माहौल बुरी तरह बदला। कविता की एक धारा में व्यक्तिवादी कुंठाओं का बोलबाला हुआ, तो दूसरी तरह की कविताओं में श्रोताओं की तालियाँ और उससे जुड़े व्यवसाय की ललक बढ़ी। मंच से जुड़ा कवि शिल्प-विल्प के झमेले में नहीं पड़ा। वह तो गाँव-गाँव कस्बे-कस्बे जाता रहा, अपनी कविताएँ साहित्य की औसत समझ रखने वाले जनसमुदाय को सुनाता रहा। इस तरह हिंदी में मंच की कविता और गैर-मंचीय कविता एक-दूसरे के प्रति अपनी पहचान खो बैठीं।

मंच की कविता चूँकि मूलत: सुनाने के लिए लिखी जाती है, इसलिए वह जब छप कर आती है, तो उसमें कई चीज़ें साफ़ हो जाती हैं। मंच पर अपना मामला टंच जमाने के लिए कवि एक काव्य-प्रपंच रचता है। अपनी प्रस्तुति का नाटकीय और रणनीतिक इस्तेमाल करता है। कविता जमाने से पहले शब्द-जाल बिछाता है। तरह-तरह से श्रोता को फँसाता है। ये सब छपी हुई कविता में संभव नहीं होता। छपी हुई कविता में जो भी होता है, जैसा

भी होता है, शब्दों में होता है। इसलिए अक्सर देखा गया है कि मंच पर पढ़ी जाने वाली कविता छप कर आने के बाद वैसा प्रभाव नहीं छोड़ पाती। इस मामले में कुछ अपवाद कवि हैं जिन्हें पढ़ना भी मोहक लगता है। पवन जैन उनमें से एक हैं।

पवन जैन की छोटी कविताओं में बड़ी-बड़ी चिंताएँ हैं और बड़ी कविताओं में समाज के छोटे-छोटे वे दृश्य हैं जो आम जन को रोजाना दिखते हैं। कवि की चिंता है कि ऋषियों-मुनियों का यह देश क्यों राम भरोसे चल रहा है। किससे कहा जाए कि इसे कौन निगल रहा है। कवि इस बात को जानता है कि देश को कौन-सी शक्तियाँ निगल रही हैं पर एक छोटा-सा सवाल कितनी बड़ी चिंता में बदल जाता है कि इस तथ्य को बताया जाए तो किसे बताया जाए। लोकतंत्र का रहस्यवाद यथार्थ से विमुख है। देश के नागरिक, जिनमें पटवारी भी हैं, तहसीलदार भी और एक कोई शख्स है जो फटी कमीज़ और मैली धोती पहने है। उससे अगर कहा जाए तो क्या वो समझ पाएगा और कचहरी के आसपास जिन लोगों के कपड़े इतने चमकीले-भड़कीले हैं उनसे कैसे कहा जाए, क्योंकि वे तो पता नहीं किस देश के हैं। छोटी कविताओं के ये बड़े सवाल दिमाग़ को झकझोरते हैं और दिल में कथनी की मथनी चला देते हैं।

यहाँ कुछ कविताएँ कथात्मक सूत्र में पिरोई हुई हैं और कुछ हैं जिनमें अत्याचार, शोषण और विसंगतियों की विभिन्न चित्रावलियाँ समोई हुई हैं। लोकतंत्र की अँधेरी गलियों में आम आदमी क्यों सिर्फ़ ठोकरें खा रहा है और ताक़तवरों का दरबार पूरी शान से जगमगा रहा है। आख़िर इस लोकतंत्र का भविष्य क्या है? ये कविताएँ ऐसे सवाल बाकायदा उठाती हैं।

संग्रह की लंबी कविताओं में जहाँ एक ओर नेताओं, खिलाड़ियों, व्यवसायियों और शासन-प्रशासन के कर्मियों पर तीखे व्यंग्य हैं वहीं दूसरी ओर बहुनिन्दित पुलिस का एक सकारात्मक चेहरा भी है, जिसे लगातार अनदेखा किया जाता रहा है। कुछ कविताओं में फैंटेसी है जैसे - अदालत में अचानक गांधी का आ जाना और गांधीवाद की प्रासंगिकता पर एक अदृश्य बहस का छिड़ जाना।

कुल मिलाकर ये कविताएँ उजले कपड़े वालों के दाग़दार चेहरों को हमारे सामने लाती हैं। इन कविताओं का शैल्पिक ढाँचा सरल है लेकिन इनमें मौजूद सवाल जटिल हैं। ये सवाल इंसानियत की मूलभूत समस्याओं से जुड़े हैं। आप इन कविताओं से जुड़ेंगे तो निश्चय ही आपके नागरिक-मन के उस संकोच को दूर करने के सोच का एक सिलसिला शुरू हो सकता है जो आपसे ही सवाल करे कि हुज़ूर! आप भूमिकाहीन क्यों हैं? ईमानदार भावलोक में रची गईं ये कविताएँ सामाजिक बदलाव की प्रक्रिया में एक सकारात्मक भूमिका का निर्वाह करेंगी।

- अशोक चक्रधर

मैं समय हूँ

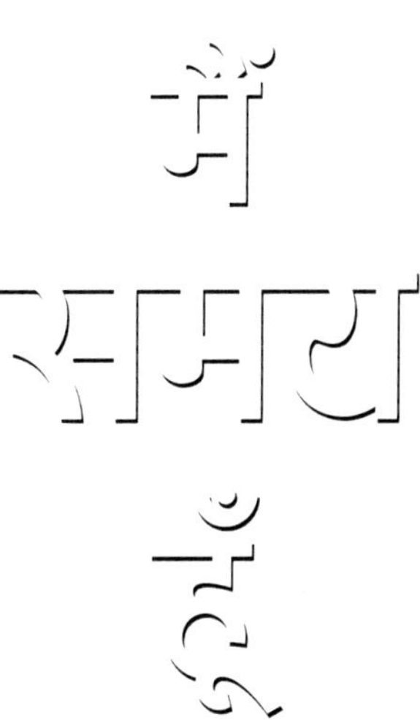
मैं
समय
हूँ

राम भरोसे

ऋषि-मुनियों का यह देश
राम भरोसे चल रहा है।
किससे कहूँ
इसे कौन निगल रहा है?

पहेली

खेत
ग़रीब किसान का है
ट्रैक्टर साहूकार का
फसल किसकी होगी
कौन बताएगा?

अन्याय का रंग

आँखों पर पट्टी बाँधे खड़ी प्रतिमा
न्याय है
अट्टहास जो गूँज रहा है
चौराहे पर
वह अन्याय का है

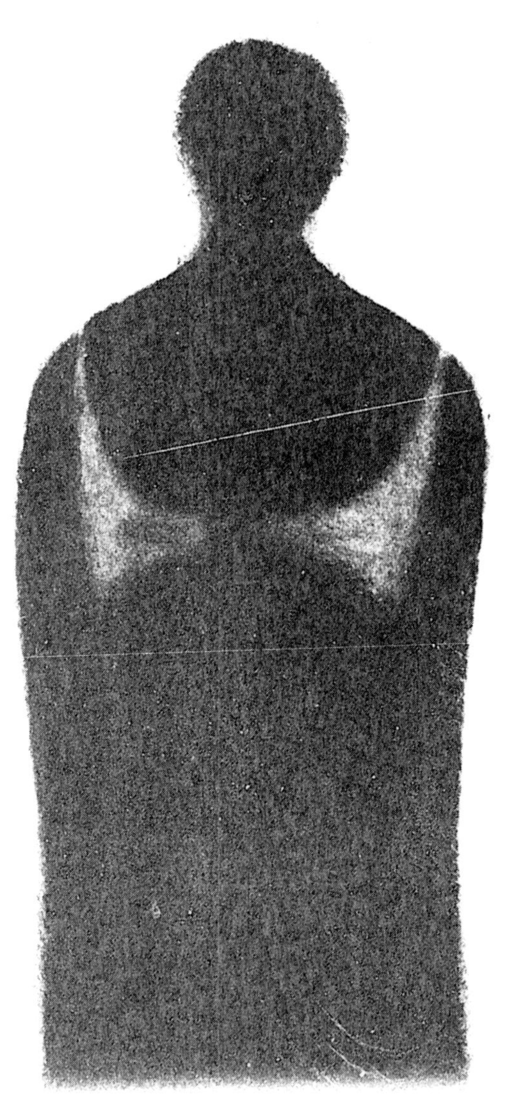

संस्कृति

नगर के प्रवेश-द्वार पर
एक होटल है
पाँच सितारा
जहाँ थिरक रही हैं
विश्व सुन्दरियाँ
विश्व शोहदों के साथ

कहते हैं सब
संस्कृति हो रही है!!

मैं समय हूँ

मैं समय हूँ,
सबकी नब्ज पहचानता हूँ,
अतीत से लेकर
वर्तमान तक के सारे क़िस्से जानता हूँ,
ये जो क़िस्सा मैं सुना रहा हूँ
आज़ाद हिन्दुस्तान का है,
कहते हैं
इसकी हस्ती कभी मिटती नहीं,
कहते हैं इसकी हस्ती कभी मिटेगी नहीं,
तुर्क, तातार, अफ़ग़ान और मंगोल
इस सभ्यता को जीत नहीं पाए,
अंग्रेज़ों के ज़ालिम हथकण्डे भी
इस सभ्यता को मिटा नहीं पाए,
लेकिन ये मैं क्या देख रहा हूँ,

यह सभ्यता
ख़ुद-ब-ख़ुद
रसातल में जा रही है;
और इसके विनाश की कब्र भी
इसके अपने बेटों द्वारा ही
खोदी जा रही है!

आइए, चलिए, देखते हैं
हिन्दोस्तान में क्या हो रहा है,
ये जो शहर के किनारे
टूटा हुआ पुल देख रहे हैं न,
इंजीनियर और ठेकेदार के बीच
समझौते की निशानी है ।
कल तक हरा-भरा
और अब
कटा हुआ जंगल,
जंगलात ऑफ़िसर की मेहरबानी है ।

ये सरकारी अस्पताल है,
इसके मरीज़ों का हाल
बेहाल है,
आम आदमी लंबी लाइनों में
लग कर
सिर्फ़ सिरदर्द पाता है,
क्योंकि डॉक्टर साहब को
ख़ास मरीज़ों के बाद
बहुत कम वक़्त मिल पाता है ।
अस्पताल में आने वाली दवाइयाँ

और सामान
पिछले दरवाज़े से निकल जाते हैं,
और लोकल टैक्स एक्सट्रा के साथ,
सामने की दुकान पर मिल जाते हैं ।

ये जो तहसील देख रहे हैं न,
लाट साहब के ज़माने की है,
भूले भटके यहाँ कोई
रेवन्यू ऑफ़िसर आता है,
वरना यहाँ का सारा काम तो
पटवारी चलाता है।
ये पटवारी नक्शे बनाने
और बिगाड़ने की कला में माहिर है,
चंद चाँदी के सिक्कों में
पैमाने का आकार बदल जाता है,
और बेचारे ग़रीब की ज़मीन पर
साहूकार का ट्रेक्टर धुआँ उड़ाता है,
साहब का हिस्सा
ख़ुद-ब-ख़ुद बंगले पहुँच जाता है।

ये जो फटी कमीज़ और मैली-कुचैली
धोती पहिने हरिया है न,
अपने बेटे की
उँगली थामे रोज़ कचहरी जाता है,
काँख में खसरे और पट्टे की नकलें दबाए
इस दरवाज़े से उस दरवाज़े तक
चक्कर लगाता है

जवानी में
अपने बाप के साथ आता था,
इस ख़ुशी में जी रहा है बेचारा
कि अदालत से
इसके हक़ में फ़ैसला आएगा
और जिस ज़मीन को निहारते-निहारते
इसका बूढ़ा बाप मर गया,
इसे उम्मीद है
कि इसका बेटा उस पर हल चलाएगा ।

ये पुलिस थाना है,
आज भी पुराने कायदे,
कानून और किताबों से चल रहा है,
वर्दी के ख़ौफ़ से
कोई बिरला ही
रिपोर्ट कराने इस पुलिस स्टेशन में आता है
और कहीं मददगार की इज़्ज़त का
जनाज़ा न निकल जाय,
इसलिए बमुश्किल
कोई इस थाने की सीढ़ियाँ चढ़ पाता है ।

नए ज़माने में
ये कैसा खेल चल रहा है,
होना था जिसे हवालात के अंदर
वही क़ातिल मसीहा बन रहा है ।

इस मन्दिर का पुजारी
कल तक मूर्तियाँ चुराता था,
इस मस्जिद का मौलवी
हथियार बनाने के जुर्म में
सज़ा पाता था।

इस गुरुद्वारे का ग्रन्थी
डर कर भाग गया है,
पता नहीं कब
किसी उग्रवादी की तबीयत मचल जाए,
और उसके झोले में रखा
हथगोला ग्रन्थी पर ही उछल जाए ।

शहर के बीचोबीच
महलनुमा हवेली देख रहे हैं न,
नेताजी की है,
चुनाव के मौक़े पर
पैसे और ताक़त का खेल
खुलकर दिखाया जाता है,
और कल का अपराधी
आज का नेता बन जाता है,
पता नहीं किस-किसके ख़ून का
कमाल है,
कि नेताजी की हवेली का रंग
आज तक लाल है,
और इस पुश्तैनी फटेहाल के पास
कौन जाने कितने करोड़ों का माल है!

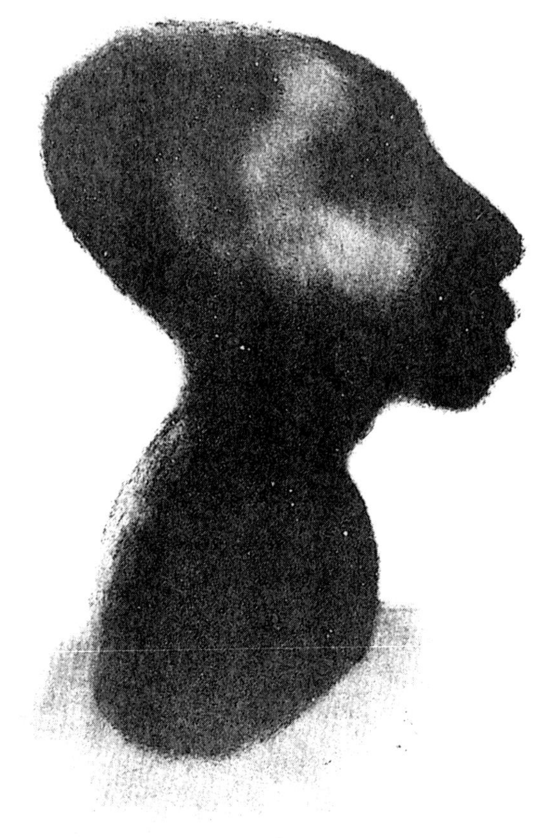

नगर के प्रवेश द्वार पर
झिलमिलाता, जगमगाता
पाँच सितारा होटल देख रहे हैं न,
इसकी ज़मीन गांधीजी के नाम पर
स्टेडियम बनवाने के लिए
हथियाई गई थी।
आज इसके अंदर
मदमस्त अधपगले
पाश्चात्य धुनों पर थिरक रहे हैं,
होटल के ठीक सामने
ज़मीन के असली मालिक का बेटा,
जूठे टुकड़ों के ढेर से
अपना भोजन चुन रहा है।
'समाजवाद'
अपने पूरे यौवन पर चल रहा है ।

ट्रेन की पटरियों पर
कटी हुई लाश देख रहे हैं न,
बेरोजगार नौजवान की है,
सत्ता सुंदरी के
आगोश में लिपटे लोगों के
बेरहम दिल यह देख कर
क्यों नहीं दहल जाते,
कि इस मुल्क में
आज अकेले पेट के लिए
दो हाथ भी भोजन नहीं जुटा पाते ।

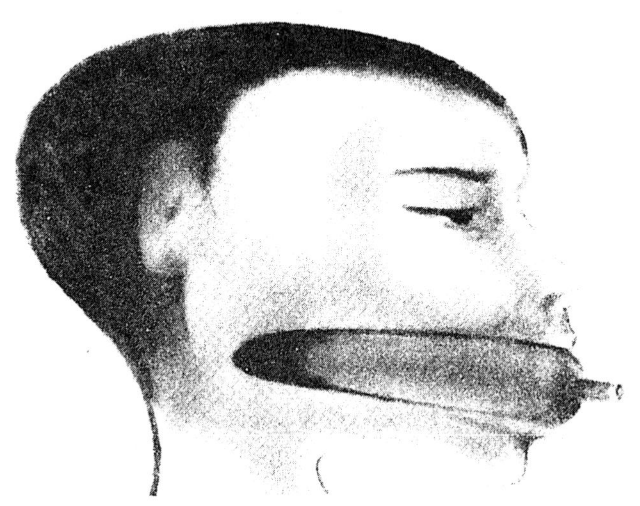

ये जो लँगड़ाकर चल रही है न,
क्रांतिकारी की माँ है,
इसके बेटे ने
जंगे आज़ादी की लड़ाई में
शहादत दी थी,
चौराहे पर लगी
इसके बेटे की मूर्ति को
चुनाव के हर मौक़े पर
मालाएँ पहनाई जाती हैं,
पर अफ़सोस
इस बुढ़िया को
एक बैसाखी भी नहीं थमाई जाती
है ।

सच्चाई के साथ
दिन-दहाड़े बलात्कार हो रहा है,
और न्याय ने अपनी आँखों पर
पट्टी बाँध रखी है।

ये सचिवालय
काग़ज़ के पन्नों पर
विकास के घोड़े दौड़ा रहा है,
आँकड़ों में मिटी है ग़रीबी
और ग़रीब
काग़ज़ी वायदों के ढेर में तड़फड़ा
रहा है।

तू यहाँ भूख और भ्रष्टाचार के

क़िस्से किसको सुना रहा है,
देखता नहीं है
संसद में बेरोज़गारी और आतंकवाद को
भाषणों से ही निपटाया जा रहा है।

लोकतंत्र की इन अँधेरी गलियों में
आम आदमी सिर्फ़ ठोकरें खा रहा है,
और ताक़तवरों का दरबार
पूरी शान से जगमगा रहा है ।

पता नहीं यहाँ कौन किसको निगल रहा है,
ऋषि-मुनियों का देश है
इसलिए राम भरोसे चल रहा है।

सोचता हूँ,
मेरे मुल्क में
फिर कोई महात्मा आ जाए,
जो इस धधकते आतंकवाद से
लड़ने के लिए
अहिंसा की नई परिभाषा गढ़े,
ताकि देश तो आगे बढ़े,
या फिर आज़ादी का दीवाना
सुभाष चला आए
जो मादरे वतन की तरफ़
आँखें उठाने वालों के
न सिर्फ़ छक्के छुड़ाए,
वरन् हर हारी बाजी जीत कर ले आए।

या फिर
कोई शहीदे आजम भगतसिंह आ जाए,
तो नई रोशनी का
ऐसा दीप जगमगाए,
कि इस देश की युवा पीढ़ी को
एक नया रास्ता मिल जाए।
भले ही खुद हो जाए कुर्बान,
मगर वतन को जीना सिखा जाए।

अंत में
मैं देश की नन्ही किलकारियों को
सलाम करता हूँ।
मादरे वतन का आने वाला कल
उनके नाम करता हूँ।
मैं समय हूँ,
मैंने जो क़िस्सा सुनाया
आज़ाद हिन्दोस्तान का है ।
कहते हैं इसकी हस्ती कभी मिटती नहीं,
कहते हैं इसकी हस्ती कभी मिटेगी नहीं ।
क्योंकि मैं समय हूँ !!!

नियंत्रण में स्थिति

सत्ता लेटी हुई मुस्कुरा रही है
लफंगे चुम्बन ले रहे हैं
टी.वी. के परदे पर चल रही है
भूख और अकाल की फ़िल्म
थोड़ी देर में
हो जाएगी स्थिति नियंत्रण में।

बलात्कार

पहले सच्चाई के साथ हुआ
फिर हुआ न्याय के साथ
भूख और भुखमरी के साथ
होते-होते उतरा
यह स्त्री तक

अब लोकतंत्र पर इसकी निगाह है
मंसूबे भी कुछ कम नहीं हैं मज़बूत
इरादे तो ख़ैर पक्के हैं ही इसके।

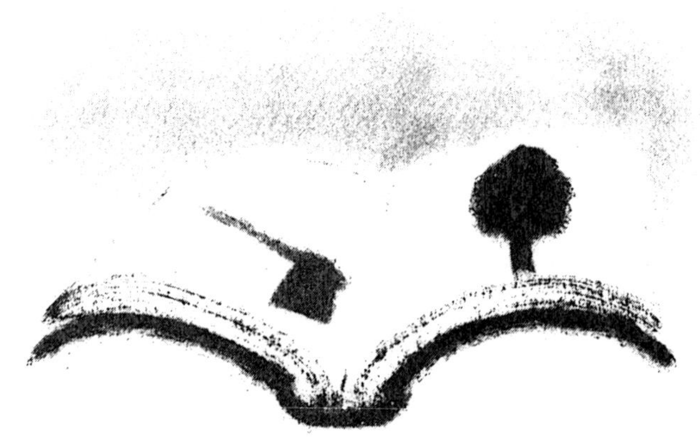

लोकतंत्र

किताब के पन्ने पलटते हुए
एक बच्चे ने मुझसे पूछा,
हमने पढ़ा भी है
और सुना भी,
कि हम दुनिया के
सबसे बड़े लोकतंत्र में रहते हैं,
ये तो बतलाइए
कि लोकतंत्र किसे कहते हैं?
मैंने कहा लोकतंत्र,
लोकतंत्र होता है,
जनता का,
जनता के लिए,
जनता के द्वारा ;

पर ये तो परिभाषा है,

हक़ीक़त में मायने बदल जाते हैं,
सत्ता मिलते ही
लोगों के रंग बदल जाते हैं,
रह जाती है याद
कुर्सी,
और जनता को भूल जाते हैं,
बच्चा झल्लाया,
बोला-
पहेलियाँ मत बुझाइए,
ठीक-ठीक समझाइए।
मैंने कहा-
मेरे मुल्क के लोकतंत्र की
बहुत मज़बूत काया है,
इसका आधार चार पाया है।
कार्यपालिका,
व्यवस्थापिका
और न्यायपालिका
संविधान की माया है!

और चौथा होशियार, ख़बरदार,
सनसनीखेज, मसालेदार है ।
चौथा स्तंभ पत्रकार है।
ये कार्यपालिका लोकतंत्र का
सबसे चमकीला पाया है,
यूँ समझ लो
सब कुर्सी की माया है,
जिसको मिल जाती है कुर्सी,
इस पर जम जाता है,

जिसे नहीं मिलती,
वो पाने की आशा लगाता है।
कुर्सी मिलती है
वोट से,
वोट मिलते हैं
नोट से,
नोट मिलते हैं
काले धंधों और खोट से,
भ्रष्टाचार हो या घोटाला,
महँगाई या गड़बड़झाला,
अधिकारी या खद्दरवाला,
चारा हो या शेयर घोटाला,
तहलका डॉटकॉम या हो हवाला...
सबका मालिक कुर्सीवाला,
कुर्सी की बलिहारी है,
कार्यपालिका हमारी है!

लोकतंत्र का दूजा पाया
संसद और विधान है,
नीति, नियम, कानून बनाना
व्यवस्थापिका की शान है,
मुद्दों की परवाह किसको है,
जनहित का है किसको ध्यान,
हल्ला-गुल्ला, शोर मचाना
नेता की है यह पहचान।
पक्ष हो या विपक्ष,
चारों तरफ़ संदेह की डोर है।
आरोप, प्रत्यारोप, हंगामे

और बहिष्कार का दौर है।
खोखले नारों, वायदों
और घोषणाओं का शोर है,
किन्तु हक़ीक़त का आईना
बहुत कमज़ोर है।
किसको है फुरसत
वायदा निभाने की,
सबको पड़ी है
सरकार बनाने की ।

पाँच साल बाद आएगी घड़ी,
जनता के निर्णय सुनाने की,
तब तक तो छूट है, मालपुए खाने की
सर्वशक्तिमान है,
व्यवस्थापिका महान है।

ये न्यायपालिका
यानी इंसाफ़ का तराज़ू,
लोकतंत्र की जान है,
यूँ कहिए कि ज़मीन पर भगवान है,
तीन करोड़ लंबित हैं प्रकरण,
पीड़ित थककर चूर हैं।
जटिल हो गईं प्रक्रियाएँ,
निर्णय कोसों दूर है,
कहने को सब कहते हैं–
अँधेर नहीं पर देरी है,
न्याय के इस मंदिर में भी
जल्दी इंसाफ़ ज़रूरी है ।

गर यहाँ भी जीत होने लगी
अँधेर और देर की
तो सच मानो बहुत देर हो जाएगी,
जिस दिन बुझी उम्मीद की
ये आख़िरी लौ भी,
लोकतंत्र की आख़िरी शाम हो जाएगी।

लोकतंत्र का चौथा पाया
क़लम, प्रेस, अख़बार है,
टी.वी., कम्प्यूटर के युग में
बहुत तेज़ रफ़्तार है,
लेकिन पूंजीपतियों की तिजोरी में
क़ैद समाचार है,
और ख़बरों पर हावी
विज्ञापन और बाज़ार हैं।
पर सच दिखलाना, सच बतलाना
वक़्त की पुकार है,
क्योंकि जनता का स्तंभ तो पत्रकार है।

सच पूछो
लोकतंत्र का यह राज़
न तो बच्चा समझा,
और न मैं उसे समझा पाया,
बच्चे ने नया सवाल उठाया,
कि गर लोकतंत्र की
इतनी मज़बूत काया है
तो यह आज तक
ठीक से क्यों नहीं चल पाया है।
इस सवाल का

कोई जवाब
मेरी समझ में नहीं आया,
तो मैंने एक स्वतंत्रता सेनानी को
अपना दुखड़ा सुनाया,
बाबा, आप ही समझाइए,
इस लोकतंत्र का
भविष्य बतलाइए ।

सवाल सुनकर
बुड्ढा तमतमाया,
इसे लोकतंत्र कहते हो!
किस दुनिया में रहते हो!
जहाँ लोगों के लिए
देश से बड़ा गाँव,
गाँव से बड़ी जाति,
और जाति से बड़ा
परिवार हो जाता है,
जहाँ मतपेटियों से
भ्रष्ट नेताओं,
सलाखों में बन्द
सरगनाओं और दुर्दान्त दस्युओं की,
आँधियाँ निकलती हों,
जहाँ राज्य से लेकर
केन्द्र तक की सरकारें
दागी मंत्रियों के क़दमों में
पंखा झलती हों,
और दिल्ली की नाक के नीचे
संसद और लाल क़िले के

सीने पर दुश्मनों की
मशीनगनें आग उगलती हों,
वहाँ हिजड़ों के जीतने से भी,
लोकतंत्र की
चाल नहीं बदल पाएगी ।
और भीड़तंत्र के इस मेले में,
सिर्फ़ ठप्पा लगाने से
जनता मालिक नहीं बन पाएगी।

जब तक
अंतिम छोर पर बैठे
आदमी के घर में भी,
लोकतंत्र का सूरज,
नया सवेरा नहीं लाएगा,
तब तक
परिभाषाओं में बना रहे
लोकतंत्र जनता का
पर हक़ीक़त में
जनतंत्र नहीं बन पाएगा।

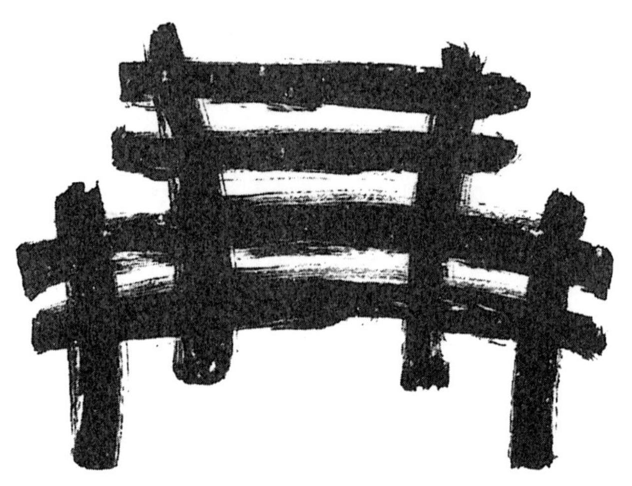

अनहोनी

कुर्सियाँ ख़ाली पड़ी हैं
टेबुलें उदास
दीवालें मौन
और दरवाज़े ताक रहे हैं सूना आकाश
अहाते में लहूलुहान पड़ी है
राष्ट्रपिता की लाश....
संसद भवन में छाया है सन्नाटा

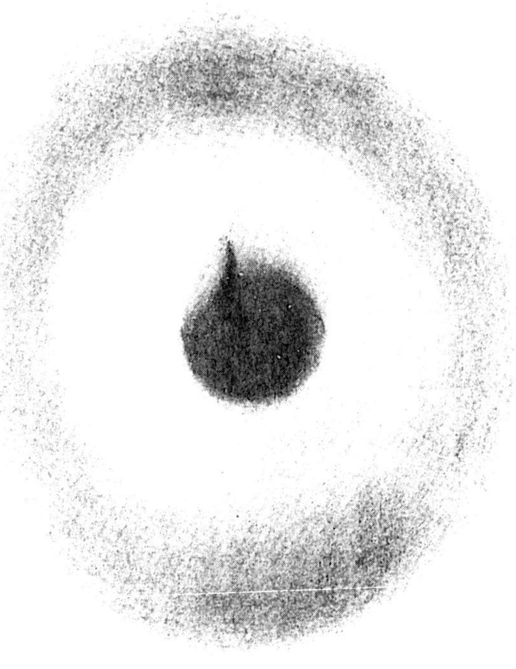

ओलम्पिक

हम ओलम्पिक में
पदक क्यूँ नहीं जीत पाते,
ज़्यादातर
ख़ाली हाथ लौट के आते हैं,
विश्वकपों में
खेलना तो दूर की बात है,
हम क्वालिफाइंग राउण्ड में ही
बाहर हो जाते हैं,
हर प्रतियोगिता से पहले
हम स्वर्णिम आशा की
ज्योति दिल में जगाते हैं,
और अरमानों के बुझे हुए
दिये लेकर आते हैं,
क्योंकि राज्यवर्धन राठौड़ को छोड़कर,

बाक़ी सब तो
पहले राउण्ड में ही
पिट जाते हैं,
जब छोटे-छोटे देश
पदकों से झोली भर
आसमान गुँजाते हैं,
अपनी विजय पताका
बड़ी शान से फहराते हैं,
तो हम सौ करोड़ होके भी
जन-गण-मन के
जयघोष को तरस जाते हैं

मामले की गंभीरता को जानकर
सरकार ने
इसके कारणों की जाँच के लिए
एक जाँच आयोग बिठाया,
और जाँच आयोग ने
अपनी रिपोर्ट में यह पाया,
कि भारत का
ओलम्पिक में पदक न जीत पाना
विदेशी साजिश का एक हिस्सा है,
और यही
हमारी दर्द भरी दास्तान का
क़िस्सा है,
कि जिन खेलों में
हमें महारत हासिल है
वो खेल ओलम्पिक में
नहीं करवाए जाते,

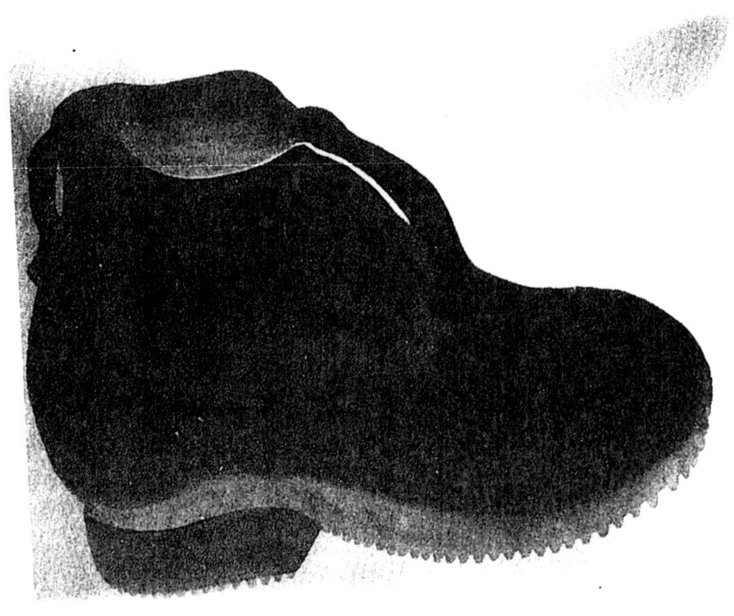

यदि भ्रष्टाचार की दौड़
और कमीशन की होड़
जैसी प्रतियोगिताएँ
ओलम्पिक में शामिल करवाएँ
तो हमारे नेता और अधिकारी
शेयर घोटाले और हवाला की धूम
सारी दुनिया में मचाएँ,
टेलीफ़ोन, चारा और
तहलका डॉट कॉम के
कारनामें दिखलाएँ,
हर्षद मेहता और केतन पारीख सरीखे
न जाने कितनी
ओलम्पिक कमेटियों को
चूना लगा आएँ,
और हमारे झारखण्डी, बिहारी तथा
छत्तीसगढ़ी राजनीति के एक-एक महानायक
सैकड़ों पदक जीत लाएँ ।
यदि कुर्सी पर जमे रहने के लिए
अपने किसी
दुबले-पतले नेता को भिजवाएँ,
तो दुनिया के
बड़े से बड़े पहलवान भी
उनको हिला नहीं पाएँ,
यदि दंगा करवाने के लिए
किसी मंदिर के पुजारी
या मस्जिद के मौलवी को ले जाएँ,
तो वे
सोने-चाँदी और ताँबे के

सारे तमगे
समेट के ले आएँ

यदि धीमी चाल से
घटना स्थल पर
पहुँचने के लिए
पदक दिलवाए जाएँ
तो भारतीय पुलिस के मुक़ाबले
आधी टीमें तो
थककर ही मुक़ाबले से हट जाएँ,
मंदिर, मस्जिद या गुरुद्वारों की ओट से
आतंकवादी
यदि आम जनता पर
निशाना लगाए
कसम भगवान की
कि निशाना चूक जाए!
यदि बूथ कैप्चरिंग के लिए
बिहार और यू.पी. से
सलाखों में बंद बाहुबलियों को भिजवाएँ
तो वे लोकतंत्र की
खटिया खड़ी कर
हर हारी बाज़ी
जीतकर ले आएँ
हम आँकड़ों के खेल में
सारी दुनिया को
धता बता सकते हैं,
काग़ज़ी वायदों से
भूचाल ला सकते हैं,

शिलान्यास के पत्थरों से
हवाई क़िले बना सकते हैं,
झूठ बोलने में
हम ओलम्पिक का
नया इतिहास बना सकते हैं,
चमचागिरी में
सारे जहां से
अपना लोहा मनवा सकते हैं,
दल-ब-दल के
सारे कीर्तिमान मिटा सकते हैं ।
और नकल करने में
बंदर को भी उल्लू बना सकते हैं ।

लेकिन मुश्किल तो ये है
कि ओलम्पिक में
यह सब खेल नहीं करवाते हैं,
इसलिए हम मुँह की खाते हैं
और ख़ाली हाथ
लौटकर घर आते हैं ।

एक विद्वान ने
जीतने का नया तरीक़ा बताया,
कि ज़रूरी है
कि हमारे खिलाड़ी
पदक जीतें,
हम दूसरों के पदकों पर
अपना दावा कर सकते हैं,
किसी जॉनसन,
रोनाल्डो,

शूमाकर,
मेरियन जोन्स
या विलियम्स बहनों के
मूल और जन्मस्थान पर
विवाद खड़ा कर सकते हैं,
अपने नटवर लालों
और चंद्रास्वामियों से
जैसे चाहें
शपथ पत्र बनवा सकते हैं,
और ओलम्पिक
चाहे अमरीका में हो
या आस्ट्रेलिया में
स्टे तो हम
किसी कोर्ट से ला ही सकते हैं

जाँच आयोग ने
अपनी रिपोर्ट में
यह भी सुझाया
कि खिलाड़ियों का चयन
भाई-भतीजावाद के
आधार पर ही होना चाहिए
तथा खिलाड़ियों से बड़ा दल
अधिकारियों का भेजा जाना चाहिए
ताकि हमारे खेलप्रेमी अधिकारी
शासकीय ख़र्चे पर
विदेशों में सैर-सपाटा कर सकें
और अपने ज्ञान से
खेल और खिलाड़ियों का

बंटाढार कर सकें ।

मंत्री जी ने रिपोर्ट पढ़ी
और बोले, हमारा ओलम्पिक में
पदक न जीत पाना
विदेशी साजिश का
एक हिस्सा है,
अगला ओलम्पिक
हम अपने शहर में
करवाएँगे

ओलम्पिक भारत में हो
या न हो,
रेफरी और अम्पायर
ज़रूर हम अपने भिजवाएँगे
जब हम
तिजोरी की माया से
अल्पमत से
बहुमत में आ सकते हैं,
तो क्या विदेशी खिलाड़ियों को
नहीं फुसला सकते हैं ।
ज़रूरी हुआ
तो प्रतियोगिता के
नियम बदलवाएँगे,
दौड़ में
सबसे पीछे रहेगा जो ख़िलाड़ी
पदक उसको दिलवाएँगे, फिर
हम पदक तालिका में
फिसड्डियों में नहीं

सबसे ऊँचे पायदान पर
नज़र आएँगे
और आसमान में
चारों तरफ़
तिरंगे ही तिरंगे फहराएँगे,
फिर हम कहेंगे
सीना तान कि
मेरा भारत महान ।
लेकिन
जहाँ सच्चाई को
छिपाने के लिए
जाँच आयोग बैठाए जाते हों,
खिलाड़ियों से ज़्यादा
खेल
अधिकारी दिखाते हों

खेलों के उद्‌घाटन
अनाड़ियों की
जय-जयकार के लिए
किए जाते हों,
और काम के नाम पर
सिर्फ़ भाषण दिए जाते हों,
वहाँ हम
इतना क्यों नहीं सोच पाते
कि खोखले वायदों से
कभी ओलम्पिक में
पदक नहीं जीते जाते!

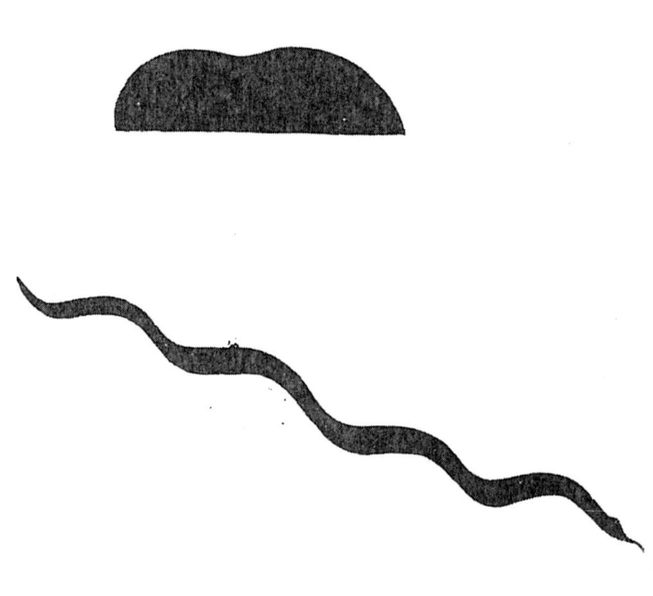

उत्तर-सभ्यता

कभी अकाल
कभी भूकंप की मार
आदमी पर आदमी का क़हर
विकास के नाम पर प्रकृति-संहार
समय के पहिए
गए हैं जैसे ठहर
ताज़ा हवाओं में घुल गया है
ज़हर!

कतारें

कतारें दो ही नज़र आती हैं
एक आवेदन हाथ में लिये
बेरोजगारों की
दूसरी टिकट के इच्छुक
राजनीतिक उम्मीदवारों की!

कठघरे में राष्ट्रपिता

कल रात
मुझे एक अजीब सपना आया
मैंने राष्ट्रपिता गांधी को
कठघरे में पाया ।

अदालत भीड़ से खचाखच भरी थी
मुल्जिमों के कठघरे में
गांधी जी की
आदमक़द तस्वीर खड़ी थी ।
काला चोगा पहिने
अधेड़ अधिवक्ता ने
मेज़ थपथपाते हुए
अपने आरोपों की
फेहरिस्त पढ़ने के लिए

सिर उठाया ।
मी लार्ड!
यह सच है
कि पचपन साल पहिले हम
गांधी को इस दुनिया से
विदा कर आए थे,
लेकिन उनके अस्तित्व को
नहीं मिटा पाए थे,
कम्प्यूटर, ऐटम बम
और भूमंडलीकरण के
इस आधुनिक युग में
यदि हम
इनके सड़े-गले आदर्शों को
अपनाएँगे
तो ज़माना हम पर हँसेगा,
हम फिसड्डी रहेंगे
और मुकाम तक नहीं पहुँच पाएँगे।

'सत्य और अहिंसा'
अब सिर्फ़
किताबों में ही मिलेंगे,
ट्रस्टीशिप और स्वदेशी का
जयघोष करने वाले
धन्ना सेठ
मूर्खों के स्वर्ग में ही मिलेंगे ।
मद्यनिषेध और धर्मनिरपेक्षता
नारों में ही अच्छे लगते हैं श्रीमान् !
इस देश में

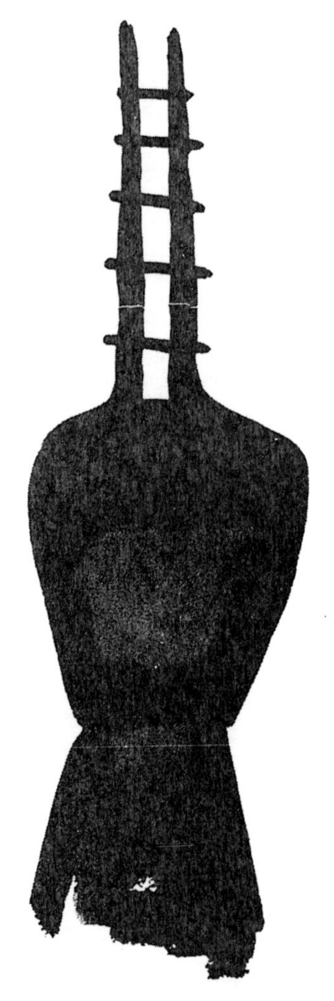

खादी पहनने वाले
अब ढूँढ़ने से ही मिलेंगे ।
इस ऐतिहासिक मुकदमे का
कालजयी फ़ैसला सुना दीजिए,
इस महात्मा के
अप्रासंगिक हो चुके आदर्शों को
दीवार में चुनवा दीजिए ।

पहले गवाह के रूप में
श्वेत वस्त्रधारी नेता
विटनेस बॉक्स में आया,
बोला 'हुजूर,
अगर हम
इनके बताए रास्ते पर
दो क़दम भी चले होते,
तो आज इतिहास के
किसी कूड़ेदान में पड़े होते ।
अरे, साधनों की पवित्रता में
क्या रखा है,
हम सबका लक्ष्य तो
सिर्फ़ सत्ता है ।
आज का दौर तो
महाबलियों, महाठगियों
और महाभ्रष्टों की
मसीहाई का दौर है
मेरे सरकार !
सिद्धांतों के बल पर तो हम
इस राजनीति की बग़िया में

कोई गुल ही नहीं खिला पाते,
बिना पैसे
और गुण्डों के
अब इस वतन में
चुनाव नहीं जीते जाते !

हमारी गुज़ारिश है महामना !
कि हमें वास्तविकताओं में
जीना सिखलाइए,
और बापू के धूल-धूसरित सिद्धांतों को
किसी काल कोठरी में दफ़नाइए ।

गवाही के लिए
एक तिलक, कमंडलधारी साधु
चिमटा बजाते हुए आया,
बोला 'अलख निरंजन',
अगर ये महात्मा
बलिदानी न होकर
ख़ुद अपनी मौत मरे होते,
तो हम
हरगिज धर्मनिरपेक्षता के झमेले में
नहीं पड़े होते ।
संविधान के पन्ने भी
शास्त्रों, वेदों और पुराणों से भरे होते,
और हम सत्ता के गलियारों में
सबसे ऊँचे
पायदान पर खड़े होते ।

फिर हम
पड़ोसी मुल्कों की हवाओं को भी
अपने वतन में नहीं बहने देते,
मंदिरों और मठों में
घंटों और शंखों की जगह
तोप लगा देते ।

अंतिम गवाही के लिए
एक मुसीबत के मारे
खादी वस्त्रविक्रेता का नंबर आया,
बोला, माई-बाप !
मेरी खादी की दुकान में
अब कोई भूला-भटका ही आता है,
वरना हर आने वाला तो
बगल के मदिरालय में
ताड़ी पीने चला जाता है ।
यहाँ गांधी टोपी,
नेहरू जैकेट
और पटेल का दुशाला
कौन ख़रीदे मालिक!

नौजवानों के सीने में तो
शाहरुख और ऐश्वर्या का
दीया टिमटिमाता है ।
मेरे चौपट खादी भण्डार का
उद्धार कर दीजिए,
इसे नए फैशन के
पश्चिमी परिधानों से भर दीजिए ।

या तो मुझे भी
विदेशी माल बेचने की
छूट हो,
नहीं तो फिर मुझे भी
किसी कलारी में
सेल्स एजेंट कर दीजिए ।
प्रतिपक्षी आरोपों का
जवाब देने के लिए
शासकीय अभिभाषक ने
सिगार बुझाकर
कोर्ट के सामने सिर झुकाया,
ओनरेबल !
आरोपों के संबंध में तो
मुझे कुछ नहीं कहना है,
क्योंकि मुझे इसी मुल्क़ में रहना है ।
वक़्त का तराजू
किधर झुक रहा है,
यह तो
हम सबको दिख रहा है ।
मेरे मुवक्किल दोस्त!
यदि अपने इल्जामात् की झड़ी
गांधीजी के
जीते जी लगाते,
तो या तो वे
ख़ुदकुशी कर लेते
या पलायन कर जाते,
पर कभी लौटकर

भूले से भी
हिन्दुस्तान नहीं आते ।

मेरा एतराज़ सिर्फ़ इतना है
कि मृत व्यक्तियों पर
मुकदमा चलाने के बारे में
कानून और संविधान मौन हैं,
या तो मुर्दे को
सज़ा दिलाने के लिए
सुस्पष्ट विधान बनवाइए,
या फिर इस मुकदमे को
यहीं ख़त्म करवाइए ।

तपाक से विपक्षी वकील ने
व्यवस्था का प्रश्न उठाया.
लार्डशिप!
मेरे क़ाबिल साथी की दलीलों में
कोई दम नहीं है,
गांधी जिन्दा हैं या मुर्दा
ये तो कोई
मुद्दा ही नहीं है,
हम पुनर्जन्म में
यक़ीन रखते हैं योर ऑनर !
गांधी दुबारा पैदा नहीं होंगे
इस बात की भी कोई गारन्टी नहीं है।
सारे सबूत
अदालत के सामने हैं सर,
अब फ़ैसला सुना दीजिए,

गांधी का नामोनिशान
लोगों के दिलोदिमाग़ से
मिटा दीजिए।

अचानक कचहरी के बीच से
एक वयोवृद्ध काँपता हुआ
न्यायाधीश के सम्मुख आया,
हाथ फैलाकर बोला,
श्रद्धेय,
अब भगवान के लिए
इंसाफ कीजिए,
इस मुकदमे को
यहीं विराम दीजिए,
बापू के आदर्शों की तो
हम हर रोज़ चिता जलाते हैं,
अब उनकी आत्मा को
क्यों कष्ट पहुँचाते हैं,
मैं इस कोर्ट को
विश्वास दिलाता हूँ कि
कोई गांधी
अब दोबारा यहाँ नहीं आएगा,
चारों तरफ़ तो
नाथूराम गोडसे खड़े हैं,
वो तो पैदा होते ही
मार दिया जाएगा ।

अदालत में

पल भर में
मच गया हल्ला,
हर कोई चिल्लाया,
मारो साले को,
जिन्दा न जाने पाए

इतनी कड़ी सुरक्षा व्यवस्था को
धता बताकर
एक गांधीवादी
कैसे अंदर घुस आया
इसकी सत्यनिष्ठा का पता
मेटल डिटेक्टर क्यों नहीं लगा पाया

चंद मिनटों में
थम गया कोलाहल
कोने में गांधी की तस्वीर
सिमटी खड़ी थी
उनके क़दमों में
उस बुड्ढे की
लाश पड़ी थी

छाया है सन्नाटा
कुर्सियाँ, टेबल, दरवाज़े
और दीवारें सभी मौन हैं।
भरी अदालत में
अरमानों का ख़ून पड़ा है,
यहाँ फ़ैसला कौन सुनाएगा,
हर कोई तो कठघरे में खड़ा है।

विरासत

शहीदों की शहादत
लुटेरों के हाथ है
सकपकाया हुआ समय
झुका हुआ माथ है!

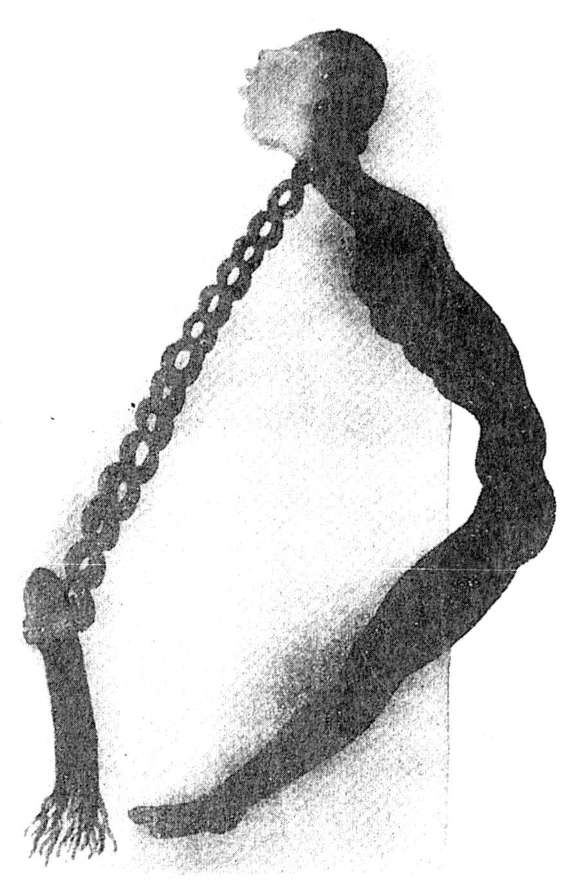

भरोसा

जो हुआ
उसे देखा जा सकता है
महसूस किया जा सकता है
पर भरोसा नहीं किया जा सकता!

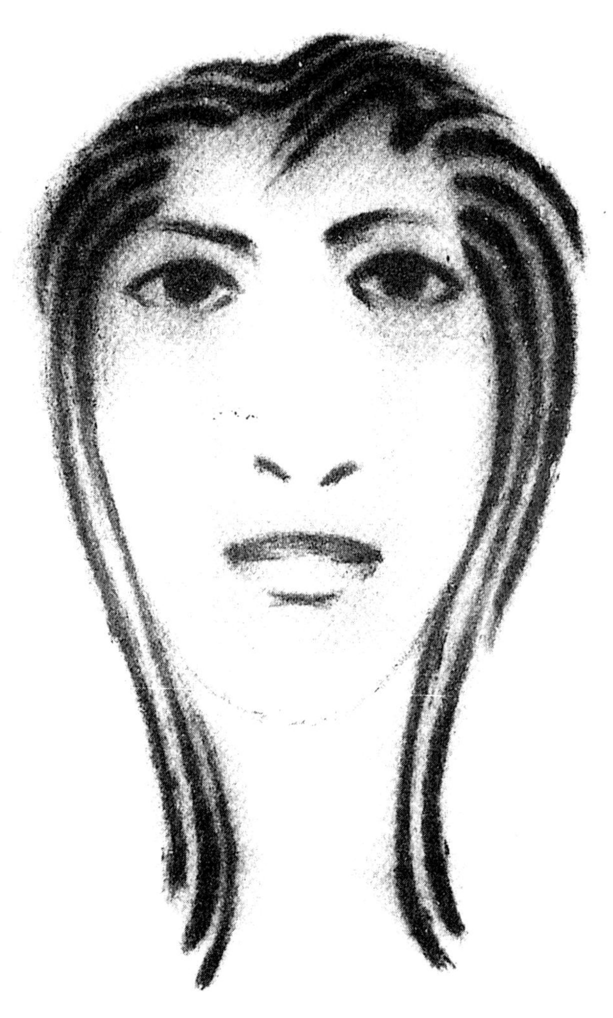

मने होली तो ऐसी हो

कभी मन से जो न उतरे,
मने होली तो ऐसी हो,
कभी दामन से न छूटे,
कोई तो रंग ऐसा हो।
खिले चेहरा, खिले हर दिल,
कोई गुलाल ऐसा हो,
कभी साँसों से न जाए,
महक चंदन के जैसी हो,
रँगे चुनरी को सतरंगी,
कोई केशर तो ऐसी हो,
न झगड़ा हो न हंगामा,
कोई हुड़दंग ऐसा हो,
जले नफ़रत, निठल्लापन,
जले होली तो ऐसी हो,

कभी मन से जो न उतरे,
मने होली तो ऐसी हो...

नचाए मन मयूरी-सा,
कोई फुहार ऐसी हो,
जगा दे प्यास उलफ़त की,
कोई बौछार ऐसी हो,
रँगे तन भी, रँगे मन भी,
कोई पिचकारी ऐसी हो,
मिले हर मौज साहिल को,
कोई मस्ती तो ऐसी हो।

पहुँचना न लगे मुश्किल,
कोई मंजिल तो ऐसी हो,
मिटे दूरी परायापन,
मिलन संगम के जैसा हो,
मिला दे जो दिलों से दिल,
मिले होली तो ऐसी हो।
कभी मन से जो न उतरे,
मने होली तो ऐसी हो।

मालिक

भ्रष्टाचार हो
या घोटाला
तहलका डॉट कॉम हो
या हवाला
सबका मालिक
कुर्सीवाला !

एक नदी की आत्मकथा

मैंने जो देखा है,
वो ही मैं कहती हूँ ।
छोटी सी नदिया हूँ,
युग युग से बहती हूँ ।
पहले मैं शिवना थी,
लेकिन अब सीवन* हूँ!!!

मुझे नहीं मालूम
कोई भगीरथ लाया था मुझे,
या मैं खुद ही
फूट आई थी
किसी झरने से ।
मेरे तट का
कोई इतिहास भी नहीं

---

*सीहोर ज़िले की एक लुप्तप्राय नदी । कवि ने पुलिस अधीक्षक के रूप में इसके पुनरुद्धार की शुरुआत की।

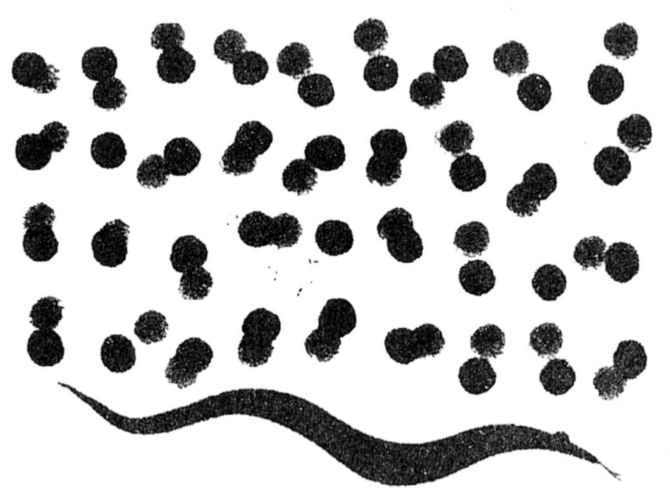

जो मैं बता सकूँ,
कि यहाँ भी आया था
कोई सिकन्दर
विश्वविजेता का ख़्वाब लिए ।
मेरे पास कोई
भोजपत्र भी तो नहीं
कि मैं यह कह सकूँ
कि मेरी कल-कल पर
कोई महाकाव्य क्यों नहीं रचा
किसी कालिदास ने ।
हाँ, मेरे किनारे
बस्तियाँ बसती गईं,
लोग आते गए,
कारवाँ चलता रहा ।
धारा ने करवट ली,
मुझ पर भी घाट बने,
मन्दिर में शंख बजे,
संतों ने ली डुबकी,
मेरा था कुंभ यहीं,
मेरा सिंहस्थ यहीं ।

दौर आया नवाबी भी,
अंग्रेजी हुकूमत भी,
सबका मन मोहा था,
बाँधों में बँध कर भी,
मेरी भी ख्याति बढ़ी,
लाखों की प्यास बुझी

जाने क्या बात हुई,
अपने ही रूठ गए,
घाटों पर भीड़ नहीं,
तट पे ढेर मलबों का,
मौन है पपीहा भी,
जंगल हैं वीराने,
धार मेरी टूट गई,
सखि, अब मैं सूख गई ।

सदियों से पावन थी,
निर्मल थी, सलिला थी,
लेकिन अब दूषित हूँ,
मैली हूँ, उथली हूँ ।

पहले मैं जीवन थी,
लेकिन अब सीवन हूँ!!!

एक राष्ट्रीय प्रश्न

ये जो फटी कमीज़ और
मैली धोती पहने
कचहरी जा रहा है
यह इसी देश का नागरिक है

तहसीलदार और मुंसिफ
किस देश के हैं
इन सबके कपड़े
इतने चमकीले क्यों हैं?

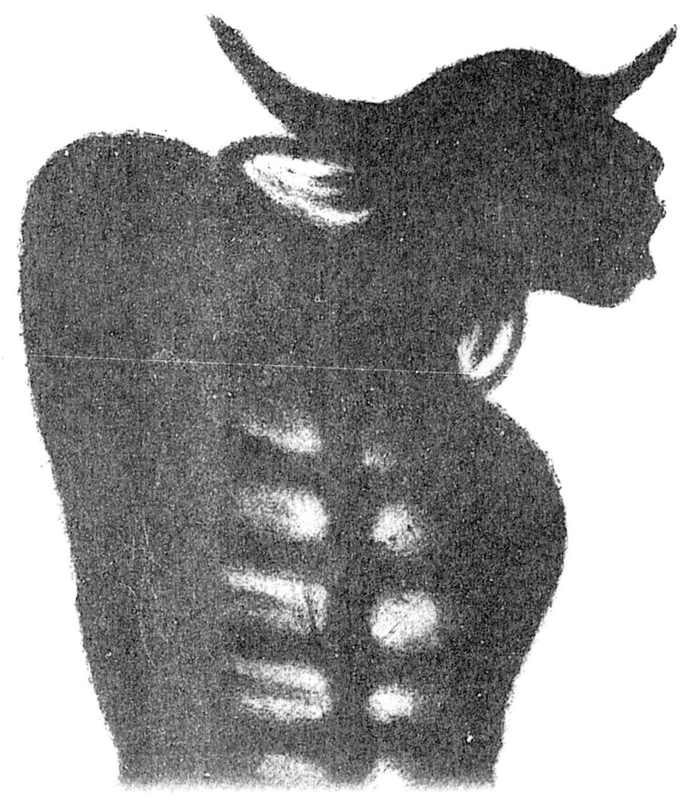

जंगल

जंगल में अफ़सर है
अफ़सर अब जंगल है
जंगल कहाँ गया?

स्वागत है नववर्ष

स्वागत है नववर्ष,
काश, कुछ ऐसा हो इस वर्ष!
किसी बस्ती पे न गिरे बम,
सुख-दुख में मिलके रहें हम,
ओसामा हो या सद्दाम,
ब्लेयर हो या बुश,
सबको सद्‌बुद्धि आ जाए इस वर्ष!

जंग, लड़ाई, हमले
और विध्वंस की छाया से भी
दूर रहे दुनिया इस वर्ष,
स्वागत है नववर्ष,
काश, कुछ ऐसा हो इस वर्ष!

अब कोई
ऐसी भी मिसाइल बनाएँ हम,
ज़माने की भुखमरी
और ग़रीबी मिटाएँ हम,
किसी लिफ़ाफ़े से न निकले
सार्स और एन्थ्रैक्स,
बेकारों को काम का
पैगाम लाए यह वर्ष,
अंधों को मिले ज्योति,
बेसहारों को सहारा,
हर ज़ख़्म को मिले
मरहम इस वर्ष,
स्वागत है नववर्ष,
काश, कुछ ऐसा हो इस वर्ष!

करें हर नफ़रत को बेरंग,
जमे होली का ऐसा रंग,
कोई न रात हो काली,
खिले चहुँओर हरियाली,
जले बस दीप ख़ुशियों के,
मने ऐसी भी दीवाली,
गाएँ गीत क्रिसमस के,
गले मिल ईद मन जाए,
धरा पर उतरा रहे बसंत,
हर्ष में डूबा हो यह वर्ष,
स्वागत है नववर्ष,
काश, कुछ ऐसा हो इस वर्ष।

ग़ुस्सा

सवाल सुनकर बूढ़ा तमतमाया
किस दुनिया में रहते हो
जो तुम इसे
लोकतन्त्र कहते हो?

बदल गया है आदमी

पहले आदमी रहता था
पहाड़ों में, जंगलों में,
पूजता था प्रकृति को,
हरियाली और ख़ुशहाली थी चहुँओर,
बहुत पढ़ा-लिखा भी न था,
विकास की आँधी से
था कोसों दूर,
पर वहाँ अपराध न था,
न थी नफ़रत
और न ही परायापन,
ताज़ा हवा बहती थी पुरजोर,
शांति ही शांति थी
इस ओर से उस छोर,
बहुत थोड़ी थीं

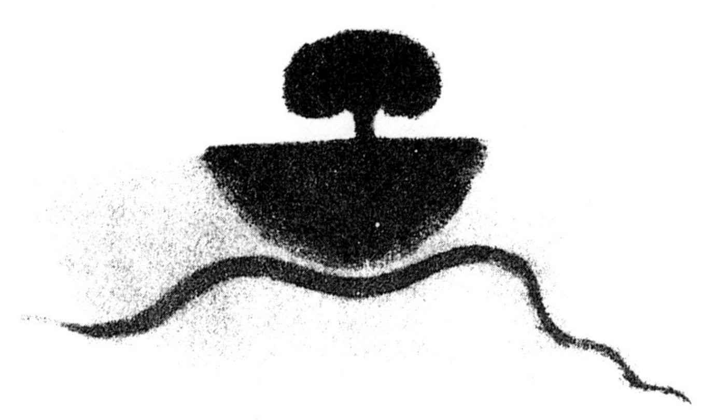

उसकी ज़रूरतें,
मिल-बाँट लेते थे
सब लोग ख़ुशियाँ
और ग़म बड़े शान से,
सभ्य न कहलाते हों
मानव उस दौर में,
मगर सच्चे अर्थों में
इंसान थे ।
फिर आदमी
पहाड़ों और जंगलों से
मैदान में उतर आया,
विकास का सैलाब आया,
कट गए जंगल,
बस्तियों का फैलाव आया,
बढ़ गईं ज़रूरतें आदमी की,
सड़कों, इमारतों और साधनों का
जाल बिछाया,
रूठ गई है प्रकृति भी,
कभी सूखा, कभी बाढ़,
कभी भूकंप, कभी अकाल की मार,
ताज़ा हवाओं में घुल गया है
प्रदूषण का ज़हर,
आदमी पर आदमी ही
ढा रहा है कहर,
भोग विलास और प्रपंचों में
रम गया है मन,
कहीं खो गया है
उसका अपनापन,

अब न शांति है,
न हरियाली,
मारकाट,
आपाधापी,
हुड़दंगों और दंगों का है शोर,
पढ़ लिख गया है आदमी,
सभ्य भी हो गया है,
पर इस बस्ती में
इंसान कहीं गुम हो गया है।

वीरप्पन

दो दो सरकारें
चरणों में बैठी पंखा झुला रही हैं
और वह आदमख़ोर
अपनी मूँछें ऐंठ रहा है।

बीज

गांधी
वीरान हो गए
फल-फूल रहे हैं
गोडसे।

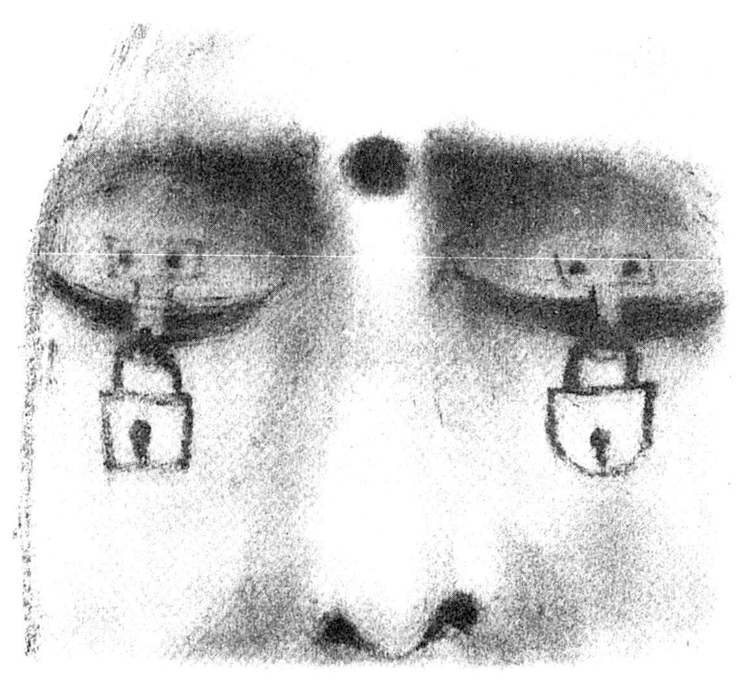

पुलिस डायरी से

मेरे अर्दली रूम में,
एक सिपाही अंदर आया ।
एड़ी बजाकर उसने सैल्यूट जमाया
मैंने कहा सिपाही रामलुभाया
डाकुओं को पकड़ने में
तुमने बहुत साहस दिखाया
पर तुम्हारी पदोन्नति का
आदेश अभी तक नहीं आया
सिपाही बोला, हुजूर,
पदोन्नति बेशक मत दीजिए
मेरी बस
इतनी फरियाद सुन लीजिए
मैंने जिस डाकू को पकड़ा था
वह पैरोल पर छूट आया है

और एक पार्टी ने
चुनाव में उसे अपना
उम्मीदवार बनाया है
गर रहा यही दौर
कातिल की मसीहाई का,
तो कल जीत कर
मंत्री भी बन जाएगा ।
मेरी वर्दी की
इतनी बेकदरी मत करवाइए,
मुझे उस डाकू का
बॉडीगार्ड मत बनाइए।
जिन हाथों ने पहनाई थी
उस डाकू को हथकड़ी,
उन्हीं हाथों से
उसकी हिफ़ाज़त मत करवाइए ।

एक दिन स्वचालित हथियारों से
गोलियाँ चलाते हुए
लुटेरे जीप से
भागकर जा रहे थे
उनके पीछे
थाने के कुछ सिपाही,
हाथ में डंडा लिए
पैदल दौड़ लगा रहे थे
यह नज़ारा देख
एक कर्तव्यप्रेमी नागरिक
मेरे पास दौड़ा आया

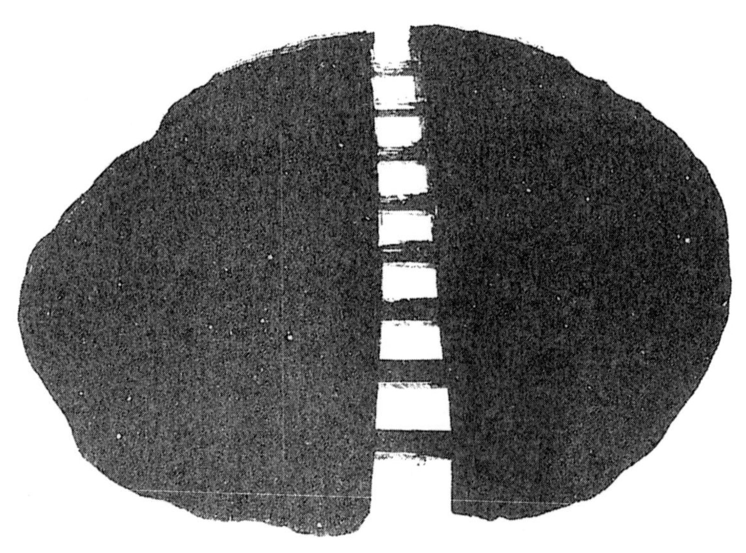

सर, इस तरह तो
लुटेरे बहुत दूर चले जाएँगे
आपके पुलिस और कानून
इन्हें नहीं पकड़ पाएँगे

मैंने कहा–
योजनाएँ तो हम
समय से बनाते हैं,
पर उनके क्रियान्वयन ही
कुछ देर से हो पाते हैं ।
इतना यक़ीन
हम आपको दिलाते हैं,
कि अगली बार
बदमाश हेलीकॉप्टर लेकर
जब डाका डालने आएँगे,
तब तक इन पुलिस थानों में
हम गाड़ियाँ जरूर पा जाएँगे ।

मैंने अपनी पत्रकार वार्ता में
अपराधों का
वार्षिक लेखा-जोखा बताया,
आँकड़ों के हिसाब से
पिछले वर्ष की तुलना में
अपराधों का ग्राफ
घटता नज़र आया,
बदमाशों की धरपकड़ से भी
माहौल में सुधार आया,

लेकिन
सुबह का अख़बार पढ़कर
मैं चकराया,
लिखा था--
'महिलाओं की इज़्ज़त सुरक्षित नहीं,
बलात्कार बढ़े',
पूछा मैंने ख़बरनवीस से,
तुमने यह समाचार कहाँ से पाया,
बोला,
अपराध घट रहे हैं,
ऐसी नीरस और उबाऊ ख़बरें
कौन पढ़ेगा,
इससे तो हमारी
खोजी पत्रकारिता का
मापदण्ड गिरेगा,
अरे,
हम अपनी साख को
बट्टा थोड़े ही लगाएँगे,
चटपटी
मसालेदार
और सनसनीखेज ख़बरें नहीं लिखेंगे,
तो हमारे अख़बार को
पढ़ने के लिए
पाठक कहाँ से आएँगे।

अमर शहीद

कौन कहता है सो गए हो तुम,
सारे वतन के हो गए हो तुम।

बे-काल

सबके चेहरे पीले
फिर हो उठे गुस्से से लाल
सब चिंतित बेहाल
गांधी आ धमके बे-काल!

सुबह से शाम तक

हिन्दुस्तान में
हर सुबह बच्चा रोता है,
नौजवान सोता है
और बूढ़ा खाँसता है

दोपहर को
बच्चे को स्कूल से
छूटने की आस है,
नौजवान को अभी भी
काम की तलाश है
और बूढ़े के नसीब में
सिर्फ़ ख़ामोश दीवारों का
अट्टहास है!!

हो गई है शाम
बच्चा चैनल बदल-बदलकर
पड़ोसी की टीवी पर
दिखने वाला कार्टून
अपने टीवी में ढूँढ़ता है,
या फिर टूटे खिलौनों को
फिर से तोड़ता है।
नौजवान खीज कर
लिख तो रहा है नई अर्जी
पर कुछ अनमना
कुछ हताश है,
और बूढ़ा
जप तो रहा है
राम का नाम,
पर उसका मन उदास है ।

रात ढलते ही
बच्चों के सपनों में
परियाँ आती हैं,
नए कपड़े
नई किताबें
नए खिलौने
और तोहफे लाती हैं।
बंद कमरे में यकायक
उठकर टहलने लगता है नौजवान,
उँगलियाँ काग़ज़ पर
कुछ लिख-लिखकर
मिटाती हैं।

पर उसकी आँखों में
नींद नहीं आती है।
और पुरानी चारपाई पर
यह सोचकर
करवटें बदल रहा है बूढ़ा,
कि ये अँधेरी रात
छँट क्यों नहीं जाती,
नई सुबह
जल्दी क्यों नहीं आती
फिर सुबह आएगी,
बच्चा रोएगा, नौजवान सोएगा
बूढ़ा खाँसेगा।
मैं भी सोचता हूँ
ऐसी सुबह जब कोई बच्चा रोएगा
नहीं,
दादा की उँगली थामकर
हँसता हुआ स्कूल जाएगा,
नौजवान हाथ में
मिठाई का डिब्बा लिए
दौड़ता हुआ
माँ के पैर छूकर
आशीष लेने आएगा,
और ये बूढ़ा
खाँसेगा नहीं, खिलखिलाएगा,
अपना तजुर्बा
घरवालों को ही नहीं
पड़ोसियों को भी

खुशी-खुशी सुनाएगा।
ऐसा सबेरा मेरे हिन्दुस्तान में
कब आएगा.....।
मैं सोचता हूँ ...
और सोचता ही रह जाता हूँ ।

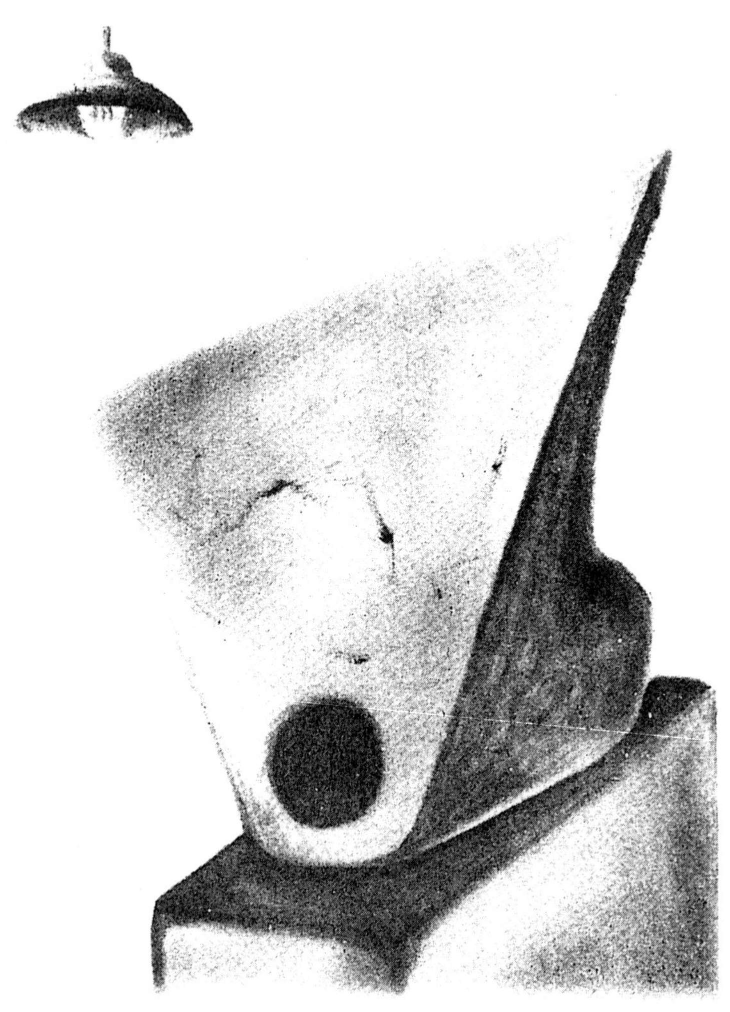

चौथा पाया

टी.वी. कम्प्यूटर की बहुत तेज
रफ़्तार है
पूंजीपतियों की तिजोरी में क़ैद
समाचार है
बाज़ार का सच और सच ही
बाज़ार है
अख़बार अब विज्ञापन है
विज्ञापन ही अख़बार है।

सबके चेहरे

यहाँ से वहाँ तक शोर ही शोर है
सबके कपड़े उजले
किन्तु चेहरे दाग़दार हैं
जनता के मन में संदेह की डोर है।

अंतिम इच्छा

जब मैंने
आतंकवादियों की गोलियों से
मारे गए
वीर सिपाही के शरीर के
पास से
उसकी डायरी को उठाया,
तो उसके संस्मरणों में
मैंने उसकी 'अंतिम इच्छा' को
इस तरह लिखा हुआ पाया–
मेरी लंबी सेवा में
पुलिस थाने के अलावा
ऐसा कोई
सरकारी कार्यालय
नज़र नहीं आया,

जहाँ मैंने पूरे साल, चौबीस घंटे
कभी ताला लटका नहीं पाया,
मेरी ज़िंदगी में
कभी छुट्टी का संडे
या मंडे नहीं आया।

जब चारों तरफ़
जगमगाई
दीपों की लाली,
तो मैंने भी मना ली
दीवाली
जब रंग-गुलाल उड़ाती
निकली मस्तानों की टोली,
तो मेरी भी मन गई होली।

टूट न जाएँ ताले कहीं,
पड़े न ख़लल चैन में,
मैंने बेचैन आँखों में
नींद डूबो ली,
धूप, सर्दी और बारिश भी
न कर पाए
मेरे जोश को ठण्डा,
मैं तो करता रहा ड्यूटी
लेके हाथ में डंडा।

सच कहूँ
ख़्याल तो मेरे मन में भी
बहुत आए,

घर जाकर बीवी से बतियाऊँ,
पिक्चर ले जाऊँ,
मेला घुमाऊँ,
बच्चों को पढ़ाऊँ,
थपकी दे सुलाऊँ,
पर कमबख़्त ड्यूटी ने
हमेशा आफ़त डाली,
कभी मन मसोस डाला,
कभी कल पे बात टाली
ज़माने ने भी देखा
तो हिकारत से देखा,
ग़ल्ती पे खाई
अफ़सर की डाँटें,
जिसके दामन में हों
सिर्फ़ नफ़रत और काँटे,
तुम्हीं बताओ वो फूल
कहाँ से बाँटे
माना मेरी वर्दी में
नज़र आते हैं काले धब्बे,
पर अब तो इल्जाम है,
नींव की ईंट से
शिखर तक,
हर कोई बेताब है
नहाने को
भ्रष्टाचार की गंगा
पैर से सर तक
जब पुत रही हो

हर चेहरे पर कालिख,
तो मैं ही उजला
नज़र कैसे आऊँ !
जिस समाज में
दुर्लभ हो गया है
ईमान का साबुन,
वहाँ मैं अपनी वर्दी
कैसे चमकाऊँ
हम बांग्लादेश मुक्ति
और कारगिल गाथा
बड़े गर्व से गाते हैं,
वीर शहीदों के क़िस्से
हम सुनते और सुनाते हैं

जितने फ़ौजी एक युद्ध में
अपना शीश कटाते हैं,
उतने तो हर साल यहाँ
ड्यूटी पर
मारे जाते हैं।

आतंकियों और लुटेरों से
यह चमन नहीं लुट पाएगा,
खाकी वर्दी वालों का बलिदान
व्यर्थ न जाएगा
लेकिन जब इतिहास लिखो तुम,
क़लम उठाओ पन्नों पर,
कसम तुम्हें है

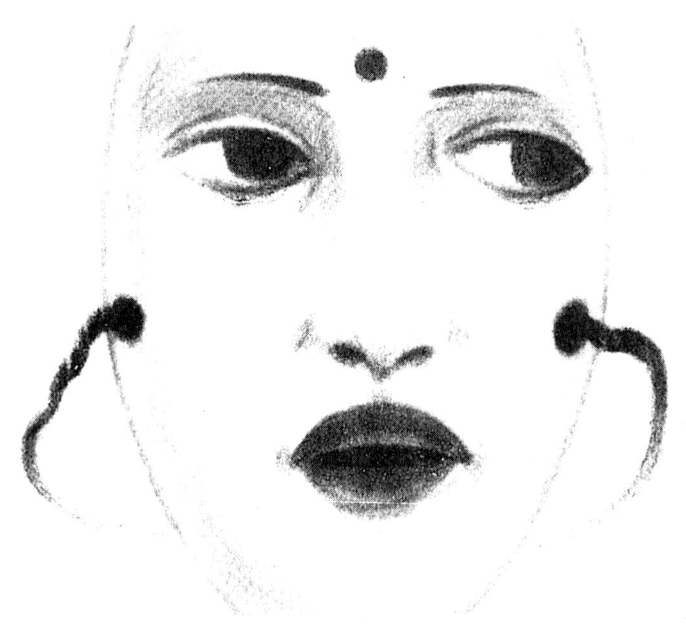

सच्चाई की
इतना बस दिखला देना,
जिक्र करो जब
हरियाली और ख़ुशहाली पंजाब की,
पुलिस जनों की
विधवाओं की
सूनी माँग दिखा देना।

कश्मीर में लोकतंत्र का
झंडा जब फहराता हो,
कुछ अनाथ बच्चों की
बस हँसती तस्वीर दिखा देना,
असम, मणिपुर और त्रिपुरा में
अब विघटन का
शोर नहीं,
कुछ गुमनाम चिताओं पर
तुम श्रद्धा सुमन चढ़ा देना,
गर दिखती हो
शांति और व्यवस्था की
उजली तस्वीर कहीं,
डाकू की गोली से घायल
लँगड़ी टाँग बता देना।

सीमा पर लड़ता है फ़ौजी
अपने दुश्मन से,
हम लड़ते
अपनों से
अपने मन से,

होती है हमसे भी ग़लती,
ग़लती करता है इंसान,
हमको तो करनी है केवल
कातिल, वहशी की पहचान।

कहते हैं कुछ लोग
कि हम हैं
वर्दीवाले गुण्डे,
अपनी भाषा गाली-डंडे,
बदजुबान हैं,
बददिमाग़ हैं,
भ्रष्ट और निकम्मे हैं,
सच्चाई गर इसमें हो तो
तोहमत हमें लगा देना,
पर मेरी 'अंतिम इच्छा' पर
इतना सम्मान दिखा देना,
गर खाकी वर्दी के पीछे भी
दिख जाए इंसान कोई,
तो बस प्यार से मुस्करा देना।

●●●